AF404567

PROJET

D'ASSOCIATION INDUSTRIELLE

DES

ÉCRIVAINS EN TOUT GENRE

Par E. DELAURIER.

PRIX : 30 CENTIMES.

PARIS,

DÉPOT CENTRAL, RUE DES VIEUX AUGUSTINS, 4.

S'ADRESSER AU CAFÉ.

1848

PRÉFACE.

Nous avons écrit au citoyen Carnot, ministre de l'instruction publique, pour lui demander la permission de pouvoir développer nos idées dans une des salles de la Sorbonne ou du Conservatoire des arts et métiers ; nous n'attendions que sa réponse pour commander les affiches, pour inviter les auteurs à cette réunion, lorsqu'éclata tout à coup, sans motif fondé, cette triste guerre civile où nous avons vu des frères se battre contre des frères, des pères dans le camp opposé de leurs enfants ; cette guerre, enfin, produite par tant de causes et de mobiles divers, par tant d'opinions disparates. Peu de jours après ce triste spectacle, nous étions néanmoins décidé à persévérer dans notre œuvre d'association, de solidarité pécuniaire, nous avions même écrit une nouvelle dépêche, tant notre cause nous paraît juste ; mais le changement de ce ministre et les questions sur la presse, que l'on débattait à l'Assemblée nationale, nous dissuadèrent de continuer nos démarches.

L'Assemblée nationale ayant sanctionné la proposition du décret provisoire de 24 mille francs de cautionnement pour les journaux, nous croyions devoir renoncer à notre œuvre, n'étant plus assez riche pour fonder un journal qui aurait été le point de ralliement, le premier pivot de notre association ; mais ayant vu la bonne volonté de la chambre au sujet des associations, cela nous donna un grand espoir pour la réussite de notre projet, car que nous faut-il pour réussir ? Il ne faut que nous laisser marcher sans entraves. Nous nous sommes donc décidé à livrer nos idées à la publicité, dans l'espérance que l'Assemblée nationale daignera encourager une association qui produirait des écrits utiles, surtout quand cet encouragement consiste simplement à ne pas mettre d'entraves à ceux qui veulent s'unir. Nous pensons que le gouvernement républicain ne pourra se refuser à notre juste demande, puisque nos écrits, loin de nuire à la République, en seront naturellement les auxiliaires, ces écrits étant admis au choix d'hommes élus par le système républicain, le suffrage universel ; ces hommes d'élite adopteront sans nul doute les travaux littéraires ou politiques les plus importants pour le progrès et pour résoudre les questions difficiles, tels que l'abolition du paupérisme par l'association et par tous les moyens que l'on pourra trouver ; les questions de politique intérieure et extérieure ; des écrits moraux, nobles, généreux, pour s'opposer au progrès de la littérature corrompue du règne de notre dernier roi ; des écrits véridiques et justes pour faire rougir les calomniateurs et les esprits malveillants et toujours mécontents.

On vous dira que si le gouvernement ne met pas, pour nous autres publicistes associés, de condition de garanties de l'amende aussi dures que celle des autres journalistes, ce serait un privilége ; nous en convenons volontiers, mais nous ne demandons pas que ce privilége sur les autres journaux nous soit accordé indéfiniment, nous ne demandons de conditions plus avantageuses que pour essayer une association des ouvriers de la pensée, de même que le gouvernement donne des priviléges pour tenter l'association des ouvriers d'autres professions. Notre association doit être un essai qui pourra servir pour expérimenter d'autres ordres de travaux que ceux des bras ; pour expérimenter, par exemple, ce moyen d'association pour les artistes, qui pourrait se modeler à peu près sur la nôtre.

D'ailleurs, d'après la manière dont serait organisée notre société, le cautionnement serait presque inutile, les chefs de la Société n'admettant qu'involontairement les calomnies et les écrits qui chercheraient à mettre la discorde, puis les auteurs tous connus seraient faciles à atteindre et seraient même déjà punis par la société pour les calomnies. Il est vrai que les auteurs ne pourront toujours payer les amendes et que cela fera moins de profit pour le trésor, mais un état républicain ne doit pas compter sur le produit des amendes de la presse, il doit plutôt empêcher le mal que d'en tirer profit à l'imitation des monarchies.

PROJET

D'ASSOCIATION INDUSTRIELLE

DES

ÉCRIVAINS EN TOUT GENRE.

COPIE DU PROJET D'AFFICHE POUR INVITER LES AUTEURS
A SE RENDRE A NOTRE ASSEMBLÉE.

Appel aux ouvriers de la pensée.

Écrivains politiques, socialistes, philosophes, etc., etc., c'est un de vos collègues qui vous engage à vous réunir m...., x juin 1848, à x heures très-précises, au grand amphithéâtre de la Sorbonne, pour avoir l'honneur de vous proposer un plan d'association qui aura pour but de nous rendre tous solidaires, de nous donner plus de puissance sur l'opinion publique et de nous rendre généralement plus heureux.

Nous qui prêchons l'association, l'organisation, c'est à nous de donner l'exemple pour être plus influents.

Le seul titre que l'on exigera des citoyens pour être admis dans la réunion sera de se présenter avec un de ses ouvrages, ou brochure, ou article de journal ou même avec un mémoire présenté à l'Institut ou à d'autres sociétés savantes ou littéraires.

Salut fraternel.

UN ÉCRIVAIN POLITIQUE.

Ce 10 juin 1848.

Nota. Ne manquez pas surtout dans notre intérêt à tous.

Canevas du discours d'introduction pour préparer les auditeurs de l'assemblée, avant de lire le projet d'association.

Citoyens auteurs,

C'est moi, un inconnu dans la presse et dans la littérature, qui a eu l'audace de vous inviter à venir pour prendre connaissance d'un plan d'association que je veux vous proposer (comme l'affiche vous l'a indiqué).

Je crois, peut-être un peu présomptueusement, que ce plan pourra intéresser vivement surtout les auteurs peu favorisés de la fortune, parce qu'ils n'ont pas eu le temps ou la chance de pouvoir se faire un nom ou qu'ils n'ont pas eu celle de faire partie de quelques coteries qui prétendent diriger à elles seules la marche de l'opinion publique.

Je vous prierai avant toute chose de nommer un président d'âge et deux secrétaires pour venir prendre possession du bureau, pour cette séance seulement; ceci n'a d'importance que pour pouvoir délibérer avec ordre, si vous voulez me faire l'honneur de discuter mes idées.

Ensuite, si vous le permettez, je vous lirai mon projet, et quand il sera lu les membres qui désireraient prendre la parole auront l'obligeance de se faire inscrire au bureau.

Après avoir discuté l'ensemble du projet, nous le discuterons article par article, si cela est nécessaire.

Je vais commencer la lecture :

PLAN DE L'ASSOCIATION RÉPUBLICAINE DES AUTEURS.

Tous les citoyens que nous avons engagés à venir dans cette enceinte peuvent faire partie d'une société que nous avons l'intention de fonder, qui a pour but de produire des écrits de toute sorte, utiles au progrès de l'humanité, à l'indépendance des peuples, et à donner l'ordre dans la liberté.

Cette société a aussi pour but de faire imprimer et faire vendre nos journaux et ouvrages sans le secours des éditeurs, cette plaie de l'écrivain et des lecteurs; puisqu'aux uns ils font payer cher leur goût, et aux autres ils ne paient pas le talent, surtout que ce n'est pas un nom que l'industrialisme a élevé au son de la grosse caisse.

Cette société a encore pour but d'instruire le peuple en lui donnant à bon marché les meilleures de nos idées et de nos écrits, sans cependant que nous ayons à souffrir de l'injustice des uns et de l'indifférence des autres.

Le pauvre écrivain de talent qui fera partie de notre société n'aura pas grand mal à parvenir à la réputation, de la manière dont nous pensons organiser notre société, parce qu'il sera soutenu par la fraternité ; aussi plus tard il n'aura pas l'égoïsme des personnes qui ayant eu beaucoup à souffrir pour parvenir n'ont pas pitié des autres, ou ne soutiennent que leurs amis ou flatteurs. Notre société ne sera pas une coterie, puisque nous n'exclurons personne de la société ; chacun aura autant de droits de faire des articles et de donner sa voix pour faire prospérer l'entreprise, ce sera le suffrage universel et les droits que l'on doit avoir en république qui seront appliqués à l'entreprise. Chaque citoyen faisant partie de la société aura le droit de donner sa voix pour nommer les membres du comité de rédaction, qui sera une espèce de chambre de représentants de notre association, ce comité sera chargé d'examiner les meilleurs écrits pour les faire imprimer de suite.

Ce comité pour l'examen des articles devra nommer un homme faisant partie de l'association, capable de faire exécuter sa volouté, un homme sachant bien administrer et qui soit sûr et loyal pour tenir la caisse ; il faudra que cette nomination soit ratifiée par la majorité des actionnaires.

Ce comité sera soumis à la réélection tous les deux ou trois mois. Pour la première fois, comme on ne se connaît pas encore, on le renouvèlera au bout d'un mois. Chaque comité pourra proposer le remplacement de l'administration.

Comme il faut de l'argent pour entreprendre de fonder cette société, chaque personne qui voudra faire partie de l'association sera tenue de verser un minimum de 5 francs comptant, et 5 francs seront prélevés sur le bénéfice des écrivains pour compléter la somme de 10 francs qui doit être la mise de fonds de chaque sociétaire. Ceux qui pourront verser 10 francs de suite devront le faire pour que l'on ait plus de puissance pour agir.

Si quelques personnes aisées veulent aider une association utile, on acceptera avec plaisir leurs offrandes ou le prêt d'une somme d'argent ; l'intérêt sera de 6 p. 0/0. ; avec ces fonds on entreprendra tout ce qu'il est possible de faire ; ainsi comme le journalisme va très-bien en ce moment, nous croyons qu'il serait sage de fonder un seul journal d'abord, puis on pourrait en fonder d'autres à mesure que les bénéfices augmenteraient, pour pouvoir occuper tous les bons écrivains.

Nous proposons divers titres pour les journaux; vous choisirez ceux qui vous conviendront le mieux, ou vous en présenterez d'autres.

Titres de journaux.

Journaux à vendre d'abord 3 fr. le cent, puis 5 et même 6 francs.

La Presse démocratique.	La Démocratie.
La Presse républicaine.	Le Républicain démocrate.
La Presse socialiste.	La République démocratique.
La Presse patriotique.	La Société républicaine.
La Presse du peuple.	La Société démocratique.
Le Démocrate.	Les Amis du peuple.
Le Républicain.	Les Ecrivains du peuple.
Le Socialiste.	Les Ecrivains démocrates.
Le Patriote.	Les Ecrivains républicains.
Le Peuple.	

Journaux à 2 fr. 50 c. le cent, puis à 3 fr.

L'Organisation sociale.	Le Siècle démocrate.
L'Organisation de la liberté.	L'union des peuples.
L'Organisation républicaine.	La République universelle.
La Vraie liberté.	Les Droits des peuples.
La Vraie égalité.	La Cause des peuples.
La Vraie fraternité.	Le Suffrage universel.
La Réforme sociale.	La Liberté de la presse.
Le Réformiste républicain.	La Liberté de réunion.
Le Siècle républicain.	

Journaux d'une demi-feuille à 2 fr., puis à 2 fr. 50 c. le cent, paraissant journellement, une ou deux fois par semaine.

Le Bon républicain.	L'Ami de la montagne.
L'Ennemi des tyrans.	Guerre aux tyrans.
Le Vrai Républicain.	A bas les priviléges.
La Colère du peuple.	L'Ennemi de l'injustice.
L'Ennemi des prétendants.	L'Ami de la justice.
La Force de l'union.	

Journaux caricatures pour détruire les partis et ruiner par la moquerie les prétentions des prétendants.

Les Singes de la royauté.	Les Peureux.
Le Moutard prétendant.	Les Pourfendeurs.
Les Singes impériaux.	Le Pacifique.
Le Louis filou.	L'Exalté.
L'Henriquinquiste.	

Plusieurs de ces titres pourront servir plus tard pour fonder d'autres journaux.

Voici comment devront se répartir les travaux et les bénéfices :

Chaque membre de la société ou toute autre personne aura la faculté de présenter au comité un article pour lui demander de l'insérer dans le journal ou pour le faire imprimer à part.

Le comité d'examen verra si l'article est bon, et l'auteur devra revenir au bout de trois jours pour savoir si on l'a inséré ou si on peut l'insérer plus tard, enfin si on ne peut l'insérer.

On ne fera pas comme les autres journalistes qui ne rendent pas les articles qui leur sont adressés, ce qui fait que beaucoup d'auteurs se privent d'en envoyer ; seulement si certaines personnes prétendent dire que l'article n'est pas de tel nom ou que nous sommes responsables des erreurs qui existent, nous ferons signer l'auteur quand on lui rendra son manuscrit dans une colonne où il y a inséré ou non inséré en tête de la page, exemple :

Article sur tel sujet, inséré exactement le x juillet 1848, L... C...
Article sur tel sujet, non inséré le x juillet 1848,   B....

Si un article a la majorité des voix du comité, l'administration le fera insérer dans le journal, qu'il soit d'un associé ou pas ; si c'est d'un associé, il sera payé, c'est-à-dire il partagera dans les bénéfices ; s'il n'est pas d'un associé, il n'aura aucun salaire ni aucune part dans les bénéfices.

Si l'associé est déjà un écrivain connu et bien posé dans la littérature ou la politique, au lieu de la majorité de votes il faudra l'unanimité pour que l'écrivain déjà riche ou occupé ailleurs ne puisse faire de tort aux commençants. Les bénéfices se partageraient ainsi : moitié pour les auteurs, un quart pour le comité et l'administration et un quart pour augmenter l'importance du journal ou pour en créer d'autres.

Les membres du comité et l'administration devront remplir l'un dans l'autre au moins le quart du journal, soit en nouvelles étrangères et diverses, soit en articles de leurs plumes ; s'ils en font plus, ils ne seront pas payés pour qu'ils ne puissent abuser de leurs positions pour éliminer les sociétaires et en percevoir les bénéfices.

Les membres du comité d'examen devront être impartiaux et avoir du talent, pour savoir choisir et pouvoir rester longtemps au comité d'examen.

Il faudra dans le comité au moins un membre qui ait l'habitude du métier.

Les notes ou manuscrits présentés au comité devront n'avoir jamais été imprimés pour qu'ils soient jugés par la société, mais la société pourra admettre les imprimés au même titre que les articles des citoyens qui ne font pas partie de la société.

Les notes ou manuscrits reçus resteront néanmoins la propriété de leurs auteurs, qui pourront les faire paraître dans d'autres journaux, brochures ou volumes, mais à la condition qu'ils ne pourront paraître qu'un mois après dans un autre journal et huit mois après si ces manuscrits ont été imprimés aux frais de la société en brochures ou volum .

Pour publier les brochures ou volumes il faudra l'unanimité des membres du comité pour les faire publier, et la société qui avancera les fonds percevra l'intérêt de son argent pour le temps de la vente et percevra la moitié des bénéfices que l'on fera.

Comme ce ne seront pas souvent les mêmes rédacteurs qui écriront dans le journal que nous fonderons, il sera infiniment plus pittoresque, moins monotone et plus instructif que la plupart des autres journaux. Chaque écrivain devra signer son nom et être responsable de ses écrits.

Pour que notre association ait plus de vogue et que nous puissions plus vite utiliser les autres écrivains, puisque avec les bénéfices nous fonderons d'autres journaux, nous engageons d'avance les sociétaires à demander notre journal dans les cafés et cabinets de lecture où ils ont l'habitude d'aller, cela leur servira aussi pour savoir si le comité a bien choisi les articles.

Comme la calomnie est une chose indigne et qu'il faut enfin fonder la presse du progrès qui servira à éclairer le monde et jamais à le tromper, il sera défendu de calomnier, c'est-à-dire de mentir ou de répéter des choses qui n'ont pas le cachet de la vérité. Voici la peine que nous proposons contre les calomniateurs : les citoyens ne faisant pas partie de la société, qui nous auront fait insérer une calomnie n'auront plus le droit d'écrire dans notre journal, si le fait nous est démontré comme faux. Si ce sont des sociétaires qui ont calomnié; la première fois ils ne seront pas payés, la seconde ils ne seront pas payés de l'article calomnieux, mais ne pourront écrire qu'un mois après, et la troisième fois ils seront rayés définitivement. Je propose deux fois le pardon parce qu'il est possible de se tromper, mais pour calomnier trois fois il faut avoir bien peu de circonspection ou en avoir contracté l'habitude.

Nous n'admettons pas parmi nous des gens qui n'ont pas le courage de leur opinion, ceux de nos associés et les autres citoyens qui voudraient écrire dans notre journal doivent dire franchement leurs noms et demeures, seulement ils ne doivent mettre que leurs signatures à la fin de leurs écrits; ce que nous disons ici est dans leurs intérêts, pour qu'ils ne soient pas importunés; nous ne donnerons leurs adresses que s'ils nous en donnent le droit par écrit ou que si la justice nous y force pour des articles incriminés qui aient paru dans notre journal seulement.

Si nous apprenons qu'un de nos assosiés ou d'autres personnes n'ont pas donné leurs noms et demeures exactement, ils n'auront plus le droit d'écrire dans notre journal.

La pénalité de ceux qui se feront renvoyer de la societé sera la perte de la somme versée et de la somme due pour les articles du mois courant.

Les associés sont considérés comme restant indéfiniment, quand rien ne les force à se retirer de la société; les fonds versés pour entrer à la société ne seront jamais rendus.

L'association s'étendra toujours et éclairera utilement le monde; si on ne lui met pas d'obstacles elle chassera toutes les fausses idées, les superstitions, et elle les remplacera par des principes plus dignes de l'humanité, ce sera une grande puissance qui assurera le triomphe de la démocratie et de la justice.

Les auteurs du journal pourront se critiquer mutuellement, se combattre dans le même journal, puisque chaque auteur n'est pas tenu de penser comme la coterie de rédaction qui dirige presque tous les journaux.

On ne nous pardonnera pas peut-être de blâmer ainsi les comités de rédaction, mais les citoyens consciencieux nous trouveront justes de penser qu'il faut un peu d'indépendance, de liberté à ceux qui sont les plus fermes soutiens de la liberté. On nous objectera sans doute qu'avec des lois fiscales sur la presse, on ne pouvait guère faire autrement, cela est vrai, aussi nous critiquerons plutôt la loi, qui force les hommes à penser et écrire comme le comité, que les citoyens qui en font partie.

Les journalistes sont bien plus indépendants dans la société que je propose, ils ne sont pas tenus d'avoir un nom connu ou d'écrire et de penser à la manière de tel ou tel citoyen; chacun pourra écrire comme cela lui fera plaisir, chacun pourra conserver son style et sa pensée.

Le journalisme pourra devenir une espèce de culte surtout en éliminant la calomnie, en se faisant un crime de mentir; ce sera aussi une puissance bien plus importante et bien plus respectée que celle qui existe; si le journalisme suit l'exemple que nous espérons donner, nous serons tous mieux écoutés; ne trompant plus, on nous croirait davantage.

On pourra quand la société sera bien établie fonder une caisse de secours comme dans plusieurs autres industries, et à notre imitation les ouvriers des autres professions pourront s'unir tous ensemble pour commencer une société où les plus capables travailleraient pour former des bénéfices et agrandir petit à petit les associations spéciales. Si notre société réussit, ce sera un exemple puissant donné au monde.

Quand le comité n'aura pas voulu adopter des articles et que les auteurs faisant partie de la société croiront devoir réclamer, ils le feront dans une séance générale et préparatoire des actionnaires pour la nomination du comité. Ceux qui feront des réclamations justes seront écoutés par la société, la cause d'un membre étant la cause de tous.

La cotisation actuelle des membres est de dix francs pour les fondateurs, comme je l'ai dit, elle sera de douze francs le........ et elle restera à ce taux.

Si on ne fondait pas d'autres journaux, la mise devrait être augmentée par la suite, mais à mesure que l'on aura de quoi fonder d'autres journaux, on en fondera d'autres.

Si on calcule que les fonds sont juste ce qu'il faut pour fonder un journal, quand la mise primitive sera doublée, on gardera ce capital pour augmenter l'exploitation du journal en plein succès; et à mesure que l'on aura plus que le double de fonds, indispensables, on commencera à fonder un autre journal en rapport avec les fonds supplémentaires; la feuille à fonder se décidera d'après l'avis de la société; on augmentera le nombre des membres du comité en raison de l'importance du journal que l'on fonde.

En attendant que l'on aura assez de fonds, on pourra faire imprimer des brochures de circonstance qui présenteraient des bénéfices.

Les bénéfices de l'ancien journal se mêleraient avec ceux du, ou des nouveaux journaux; ainsi les bénéfices d'un nouveau journal n'étant pas grands, il sera soutenu par l'ancien, les bénéfices de l'ancien serviront à indemniser les rédacteurs du nouveau.

Associons-nous, et la presse qui est déjà une puissance si grande pour nous faire avancer vers le progrès, sera la plus grande force civilisatrice; la presse sera le soleil de l'intelligence et ne fomentera plus de discorde. Les écrivains consciencieux et ayant une foi profonde dans les grandes idées jouiront d'une haute considération ; et s'ils arrivent à l'Assemblée nationale ce ne sera plus par ruse ou par le hasard des événements, ce sera pour la récompense de leur vertu, de leur courage et de leur talent. On ne verra plus de lâches écrivains qui se vendent aux plus offrants et qui se salissent pour soutenir tel ou tel prétendant et calomnient la République, parce que le peuple ne peut corrompre personne , une nation ne pouvant s'abaisser à acheter la plume ou le silence des individus sans conscience comme un homme ou un roi peut le faire ; on ne verra plus enfin de ces écrivains exploitant les malheurs publics, échauffant les passions pour se faire des partisans.

La presse purgée de la calomnie sera bien cette presse grande', noble et vertueuse, qui honore le génie, le talent, le travail, et méprise les sots et les envieux et tous ceux qui veulent entraver la marche du progrès et des idées; ce sera la presse telle que les âmes généreuses et vraiment républicaines l'ont rêvée depuis longtemps.

Quoique nous désirons que la presse ait un langage digne, noble, élégant et correct, nous croyons qu'il faut davantage s'attacher au fond de la pensée qu'à la forme qu'elle revêt ; alors dire des choses justes et vraies, avoir des théories solides, en un mot écrire avec un grand bon sens plutôt que de s'attacher à polir des phrases et à faire du cadre quelque chose de plus beau que le tableau, est l'affaire principale qui nous préoccupe.

Mise en pratique de l'Association.

On affichera un numéro spécimen de notre journal par tout Paris, ledit numéro annoncera le premier pour trois ou quatre jours après.

Ce journal paraîtra le matin à quatre heures.

Les bureaux pour les vendeurs de journaux devront être près d'autres journaux où ces marchands ont l'habitude d'aller; on pourra avoir des succursales toujours près d'autres journaux en vogue dans différents quartiers de Paris.

Les jours que tous les numéros n'auraient pas été vendus, ils seront affichés dans Paris.

Il sera vendu d'abord meilleur marché et on le reprendra, plus tard on ne reprendra que le quart de ce qui a été vendu à chaque marchand, et ensuite on ne le reprendra plus.

Le journal ou les journaux créés de suite seront d'après l'importance du capital à la disposition de la société qui choisira la grandeur, le format, le prix de la vente du ou des journaux qui commenceront l'ère nouvelle du journalisme.

Certes à plusieurs centaines d'écrivains que nous supposons qui feront partie de la société républicaine des auteurs, on ne fera pas assez de bénéfices pour faire vivre même tous ceux dont les articles seront adoptés, mais ils se créeront un avenir soit dans la société républicaine, la science, la politique, le journalisme ou la littérature par les bonnes idées qu'ils mettront dans nos journaux.

Les plus capables écrivains font de la fraternité en laissant une part de leurs bénéfices pour créer un avenir aux autres.

Voyez, page suivante, le titre et la fig. que nous aimerions pour notre premier journal.

N° spécimen , édition du matin.   Jeudi ,   juillet 1848.

INDÉPENDANCE.   LIBERTÉ.
VÉRITÉ.   ÉGALITÉ.
JUSTICE.   # LA PRESSE   FRATERNITÉ.
FERMETÉ.   UNITÉ.

DEMOCRATIQUE.

Journal quotidien politique, social, scientifique, littéraire, artistique, agricole, commercial et industriel.

RÉDIGÉ PAR LA SOCIÉTÉ RÉPUBLICAINE DES AUTEURS.

Les bureaux sont rue   n°   à Paris.

A NOS LECTEURS.

Toujours de nouveaux journaux, et pourquoi? N'y en a t-il pas assez pour encombrer, et le lecteur ne finit-il pas par se perdre dans ce chaos d'idées disparates et mal élaborées, dans ces diverses manières de voir, dans ces partis qui vont, peut-être, bientôt déchirer la France* à force de se calomnier? Voilà ce que l'on peut avoir le droit de nous dire à nous qui venons à notre tour lancer le poids de nos idées sur la scène politique; mais que voulez-vous? le sort en est jeté, nous avons la passion de montrer aux hommes les idées qui bouillonnent dans nos cerveaux, nous croyons servir la patrie, ne nous déchirez pas nos illusions trop vite et vous verrez

* On rira probablement de mes prédictions qui peuvent paraitre être faites après coup. Mais tout en affirmant sur l'honneur que ces lignes étaient écrites plus de 40 jours avant l'insurrection, je le dis franchement, je ne croyais pas que ma prédiction devait s'accomplir si tôt et avec autant de force; d'ailleurs ces idées sur l'avenir ne sont que la conséquence de ce que j'ai écrit dans ma nouvelle organisation politique, surtout page 16 et 17, brochure qui a paru le 5 mai de cette année.

qu'avant de commencer à écrire nous nous sommes préparés par un grand acte, nous pouvons donner notre exemple pour que notre opinion ait plus de poids, nous venons d'organiser le travail littéraire pour vous donner le plus pur de notre esprit. Nous ne venons pas comme des pasquins de foire vous conter la première chose venue qui nous passe par la tête, vous allez eu juger d'ailleurs d'après notre acte d'association que nous vous présentons dans cette feuille.

Nous pensons fonder un journal qui soit l'abrégé des plus saines pensées de la majorité des hommes les plus éclairés ; nous voulons fonder un journal pour conserver et améliorer la république, un journal qui s'attache non-seulement à indiquer le mal, mais encore à en connaître la source et à trouver les moyens d'y remédier.

Ce journal ne sera pas un journal qui critiquera à tort et à travers, ce sera un journal juste et sincère; on sait qu'il est plus facile de critiquer que de faire mieux, c'est pourquoi, pour prouver que nous sommes sincères, la société recommande au comité d'adopter de préférence les articles qui donneront des solutions des questions qu'ils

soulèvent, à ceux qui feront de la critique simplement. Enfin ce journal pourra prêcher d'exemple l'association.

La société formera un club quotidien au centre de Paris, tout le monde y sera admis, seulement les places principales seront réservées aux fondateurs de la société républicaine des auteurs. Les discussions rouleront spécialement sur les principes politiques, les discussions sur des personnes ne seront admises que pour les candidats qui se présenteront aux élections.

Les calomniateurs n'auront plus le droit de prendre la parole. Ce club sera fondé pour instruire les citoyens des grands principes républicains et pour former des orateurs politiques et enfin pour juger les candidats qui se présentent à l'Assemblée nationale et aux élections supérieures de la garde nationale.

Aucune personne armée n'aura le droit de pénétrer dans le club. Aucune discussion n'aura lieu secrétement.

Toute discussion pouvant exciter à la guerre civile sera empêchée.

Chaque citoyen pourra parler de sa place s'il n'a pas de longs discours à faire.

SUPPLÉMENT.

Le nombre des membres du comité d'examen sera désigné par les membres de l'association. Le nombre de ces membres devra varier d'ailleurs d'après l'importance de ce que l'on pourra entreprendre de suite et plus tard. On pourra établir d'avance des bases pour savoir combien il y aura de membres à nommer quand il y aura assez de fonds pour fonder un certain journal.

Lettre adressée au citoyen Carnot, ministre de l'Instruction publique.

Citoyen ministre,

Désirant avoir un grand local pour provoquer une réunion d'auteurs, dans un but d'ordre et de progrès ; il m'a été dit qu'il fallait s'adresser à vous pour vous faire cette demande, en conséquence j'ai l'avantage de vous prier d'avoir l'obligeance de me donner la permission de tenir une réunion avec mes invités, soit dans la grande salle de la Sorbonne, soit dans un des amphithéâtres du conservatoire à une heure où il n'y aura pas de cours, comme de juste ; plus tôt il vous sera possible de me permettre cela, plus vous m'obligerez.

L'objet de cette réunion est de proposer aux gens de lettres un plan d'association pour nous rendre plus heureux, pour avoir moins de chance de succès et de revers, et pour nous passer autant que possible des éditeurs, et enfin, pour que les meilleures œuvres politiques ou littéraires ne restent pas inconnues, tandis qu'à chaque instant des écrits indignes de voir le jour et de sales calomnies ont un plein succès par le charlatanisme de quelques-uns.

Si vous pouvez tenir un local à ma disposition, je vous prie, citoyen Ministre, d'avoir la bonté de permettre que je puisse user de votre permission quelques jours après la réception de votre dépêche, pour que j'aie le temps de faire faire des affiches et que les auteurs puissent connaître leurs invitations un peu d'avance.

Je vous prie d'agréer mes salutations fraternelles et sincères.

Delaurier.

rue   n°   Paris,
12 juin 1848.

Projet de lettre au même ministre.

Citoyen ministre,

Malgré les tristes et déplorables événements qui ont ensanglanté la capitale, je persiste néanmoins dans la demande que j'ai eu l'honneur de vous faire il y a quelque temps ; je vous priai de permettre l'entrée d'une des salles dont vous pouvez disposer aux écrivains que j'y convoquerai. Je viens d'obtenir de faire cette convocation par affiche, vous ne voudrez pas, j'en suis sûr, faire tarder la réalisation d'une association que je crois utile dans l'intérêt des écrivains et dans celui de l'éducation du peuple à la liberté, c'est pourquoi je compte sur votre bonté pour permettre à ma société de se réunir là où il vous fera plaisir.

Agréez, s'il vous plaît, mes salutations fraternelles et sincères.

Delaurier.

rue   n°   Paris,

3 juillet 1848.

Nota. Je vous transmets ma permission, pour que vous ne soyez pas obligé de me croire sur parole.

Projet de lettre au préfet de Police.

Citoyen préfet,

J'ai eu l'honneur d'écrire au citoyen Carnot, ministre de l'Instruction publique avant les malheureux événements de juin, pour qu'il ait l'obligeance de me prêter une salle pour pouvoir réunir beaucoup d'écrivains dans le but d'améliorer leur sort, de faire de la presse une œuvre de régénération, d'instruction et de paix intérieure, au lieu d'en faire une œuvre de discorde, de calomnie et de dégradation humaine, comme malheureusement beaucoup ne craignent pas de le faire. Je voudrais que la presse devienne un culte au lieu d'un métier, et en même temps organiser un modèle d'association pour les autres professions, surtout pour les travaux d'arts et de science, pour que les travaux indignes ne puissent voir le jour. Maintenant, il me faut de plus qu'avant une permission de vous pour pouvoir inviter les écrivains à cette réunion au moyen d'une affiche, je ne pense pas que vous aurez le courage de me la refuser, n'ayant aucunement l'intention de nuire à la République , qui a toujours été au contraire l'objet de tous mes vœux.

Si vous désirez une copie de ce que je veux lire à mes invités, je me ferai un plaisir de vous en donner une ; mais si vous pouviez m'éviter la dépense de temps que j'emploierai pour la faire, vous m'obligerez ; j'aurai plus tard l'avantage de vous communiquer ce que je proposerai, espérant bien le faire imprimer.

Si vous avez la complaisance de me permettre cette réunion, je vous prierai d'avoir l'obligeance de ne me point fixer l'heure ni le jour exactement, pour que j'aie plus de facilité de la rendre fructueuse, pouvant plus facilement avertir d'avance.

En espérant le succès de ma lettre :

J'ai l'honneur de vous saluer fraternellement et sincèrement.

DELAURIER.

ruc   n°   Paris ,
30 juin 1848.

9 782019 972899